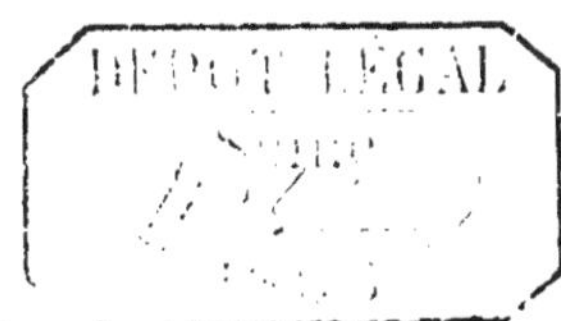

GUSTAVE OLLENDORFF

4 MARS 1850 — 19 SEPTEMBRE 1891

SOUVENIRS PERSONNELS

Il y a plusieurs manières d'honorer les
morts, et toutes sont bonnes. Tantôt on va
parer de fleurs leur tombeau, tantôt on
garde sur tout ce qui les rappelle, de près
ou de loin, le plus profond silence, comme
si leur nom ou leur souvenir évoquait des
images trop douloureuses pour être sup-
portées; tantôt, au contraire, on parle
d'eux, on se plait à les faire revivre tels
qu'on les a connus au temps heureux de
leur jeunesse; on veut oublier qu'ils ne
sont plus, et on garde tout près de soi, de

manière à les revoir sans cesse, leur portrait, leurs lettres, leurs œuvres.

Pour moi, je comprends ainsi le culte des morts. C'est donc avec une mélancolique douceur que je vais essayer de faire revivre, pour quelques très intimes, notre cher et fidèle ami Gustave Ollendorff. Ainsi ce n'est pas une biographie, un article de dictionnaire, qu'on va lire ici. Ce sont des souvenirs personnels, qui ne peuvent intéresser que les très proches amis.

Au lycée Bonaparte, nous n'étions pas dans la même classe, et nous nous connaissions à peine, lorsqu'un hasard vint nous réunir. Vraiment il est absurde de nier cette puissance du hasard, puisque, si la fantaisie ne m'avait pas pris d'aller, pour la première et probablement la dernière fois de ma vie, à une course de vélocipèdes, — comme simple spectateur d'ailleurs, — je n'aurais jamais eu avec Paul et Gustave Ollendorff les relations

d'étroite intimité qui nous ont unis depuis.

C'était dans l'été de 1868. Je venais de
quitter le lycée, et je passais les vacances
à Épinay-sur-Seine. Un certain dimanche
d'août, j'étais donc venu à Enghien pour
la course de vélocipèdes. Je regardais
distraitement, quand j'aperçus Paul et Gustave ; nous nous dîmes bonjour, nous cau-
sâmes ensemble, et j'appris qu'ils demeu-
raient à Enghien. Alors nous organisâmes
toute une série de parties de campagne.
J'avais à ce moment-là une grande supériorité sur eux : j'avais un chien, un brave
bouledogue blanc que j'appelais Dick. Or
Dick était doué de qualités remarquables
qui firent tout de suite l'admiration de mes
nouveaux amis. Il chassait à merveille les
cygnes et les canards, avec des ruses
inouïes. Dick nous suivait partout ; et il
était de toutes nos fêtes, à Sannois, à Mont-
morency, à Saint-Prix, et dans tous les

environs. Nous avons fait là de bien belles
parties équestres dans les bois de **Mont-
morency**. Quelques amis étaient venus se
joindre à nous, mais Gustave était le plus
gai et le plus alerte de nous tous.

Tout de suite, entre Gustave et moi, l'intimité devint très étroite. Il y a comme des
affinités cachées entre les hommes qu'une
étincelle suffit à faire éclater; de sorte que,
lorsque nous revînmes à Paris pour com-
mencer nos études — lui de droit, moi de
médecine — nous n'étions plus des camarades, nous étions des amis.

Ces deux années scolaires, 1869 et 1870,
ne furent pas, je dois le dire à notre honte,
consacrées exclusivement au travail. Presque
que tous les soirs nous allions au théâtre
ou en soirée. Comme ces réunions se faisaient dans un cercle assez restreint d'amis,
comme nous étions d'assez résolus dan-
seurs, on nous invitait souvent, et le soir,
après le bal, Gustave et moi, nous sortions

ensemble. Il m'avait un peu donné le goût
du *noctambulisme*, si bien que nous nous
retrouvions parfois, au milieu de la nuit,
devisant de philosophie, de politique,
d'avenir — et de certains autres sujets encore, — sur le pavé désert de Paris. Nous
n'étions pas toujours d'accord, et souvent
ce pavé désert assistait à de furieuses discussions où jamais un mot blessant n'était
échangé, mais où nous faisions assaut
d'éloquence, entassant les arguments,
les démonstrations; et le temps passait
vite.

La guerre éclata. Pendant l'année ter-
rible, nous nous vîmes peu. Nous étions
tous les deux, à des postes différents,
dans l'armée de Paris; et nous ne nous
rencontrâmes pendant le siège que cinq
à six fois.

A peine le siège de Paris fut-il terminé,
que Gustave se lança avec son ardeur habituelle dans la polémique violente que

suscitèrent les élections parisiennes. C'était faire preuve d'un grand courage que d'oser soutenir, dans des réunions publiques, devant ces pauvres citoyens affolés, la cause de la modération contre la Commune naissante. Gustave eut ce courage, et il fut si habile, si éloquent, qu'il excita à plusieurs reprises l'enthousiasme du public qui l'écoutait. Il acquit bien vite assez de notoriété pour qu'il fût question de mettre son nom sur la liste des candidats à la députation. Candidat ! il aurait bien désiré accepter ! Mais il n'avait pas 21 ans ! C'était un heureux défaut ! Alors il dut, avec sa bonne grâce habituelle, décliner l'honneur qu'on lui offrait, et dont, par son extrême jeunesse, il n'était, aux termes de la loi, pas encore digne.

Les deux années qui suivirent, 1872 et 1873, furent heureuses pour Gustave. Il était plein de verve et de santé ; sa bonne humeur robuste, communicative, n'était ja-

mais à court. Toujours actif, il aimait à
s'amuser, à rire, à chanter, à parler. Sa
gaieté était faite de bonté. Nul mot amer,
nul sentiment d'envie. Des idées géné-
reuses ; des aperçus ingénieux sur les
hommes et les choses; une grande et iné-
puisable confiance en ses amis et en lui-
même; en un mot tout ce qui caractérise
la force et la jeunesse.

Oui vraiment, ces années d'étudiant ont
été heureuses; et je crois encore assister
à une de ces bonnes journées que nous
passions ensemble. Vers dix heures du
matin, il venait me chercher à l'hôpital,
— car il avait beaucoup de goût pour les
choses de la médecine, — puis nous allions
déjeuner ensemble dans un des petits
bouillons du boulevard Saint-Michel. Nous
rencontrions là quelques-uns de nos camarades, entre autres notre ami Paul Fournier,
qui depuis a été si souvent mêlé à notre
vie à tous deux. Nous sortions de là pour

aller faire une partie de whist dans le café
de la Sorbonne; puis à trois heures nous
retournions à nos études. Il était temps!
quelquefois même il n'était plus temps!

Le soir, nous nous retrouvions encore :
nous avons ainsi vu ensemble quantité de
pièces de théâtre; nous avons pris part
à quantité de soirées; et c'était avec un
plaisir sans cesse renaissant que nous nous
réunissions ainsi. Gustave avait ce don merveilleux de se renouveler sans cesse. Son
esprit agile et fin était toujours en éveil.
Jamais on ne s'ennuyait avec lui. Certes, à
cette époque, il avait des soucis, et des
soucis parfois assez amers; mais, quand il
était avec ses amis, il les oubliait vite; il
se laissait aller tout entier à la joie de vivre.
Nul plus que lui ne l'a connue, cette joie
de vivre, ce bonheur de pouvoir s'abandonner, sans arrière-pensée, à la sympathie
et à la confiance. Quand on l'entendait
rire, de ce rire franc et ouvert, qui

retentit encore à mes oreilles, toutes les tristesses se dissipaient comme par enchantement.

Quelquefois nous mettions un peu sa patience à l'épreuve : il avait de petits travers pour lesquels nous étions peu indulgents. C'était surtout une franchise exagérée qui lui faisait dire tout net leur fait aux uns et aux autres. Alors je le chapitrais ; je lui représentais qu'il avait eu tort, qu'il faut subir les travers d'autrui ; qu'on ne doit pas dire sa pensée aussi crûment ; etc., etc. Il me répondait en accentuant encore le ridicule de ceux qu'il avait morigénés durement, et je finissais par trouver qu'au fond il avait raison.

Ce fut à peu près à cette époque qu'il fit la connaissance d'Émile Guiard. Pauvre Mimi ! ainsi que nous l'appelions familièrement. Il était, lui aussi, une âme charmante, un cœur excellent, un esprit supérieur, et son souvenir s'impose à moi quand ma pensée se reporte à ces bonnes années de ma jeunesse.

Un jour, Gustave me dit : « Je vais te faire faire la connaissance d'un poète. Viens écouter sa pièce : c'est un chef-d'œuvre. » Je me méfiais, je me fis tirer l'oreille; et ce fut en rechignant que j'allai entendre l'acte en vers intitulé : *la Mouche*. C'était dans le bureau de la rue de Valois, où Émile et Gustave étaient employés du ministère des beaux-arts. Dès le début je fus subjugué, charmé. Cette pièce, *la Mouche*, était une petite merveille de grâce, d'esprit et de fantaisie; et l'auteur avait, si c'est possible, plus de grâce et de fantaisie encore que son œuvre.

Cette pièce d'Émile Guiard ne devait pas être jouée sur la scène. C'est dommage. Mais elle fut jouée chez Mme Ollendorff : les acteurs étaient Paul et Gustave Ollendorff, et Émile Guiard lui-même. Je ne crois pas être injuste en disant que les

acteurs ne furent pas excellents; mais ce
que je puis affirmer, c'est qu'ils se sont
bien amusés, et que la pièce était exquise.

C'est en voyage surtout que la gaieté et
la bonne humeur de Gustave prenaient
leur essor. En 1874, nous fîmes ensemble
un trop court voyage de Paris à Florence.
Étant très artiste et grand connaisseur
en tableaux et en œuvres d'art, il passa
dans cette ville charmante quelques jours
délicieux, dont il garda toujours le
souvenir. Comme il oubliait vite alors
ses ennuis de Paris, et les soucis de
carrière qui commençaient à l'assom-
brir! Là, à Florence, point de soucis. De
grandes promenades le long de l'Arno;
des visites aux musées; des excursions
dans les environs. Nous avions fait connaissance avec une troupe d'acteurs fran-
çais, qui faisaient une tournée en Italie,
et, le soir, nous soupions avec ces braves

gens, tout émerveillés du parisianisme
joyeux et bon enfant de Gustave.

Il avait, l'année précédente, fait avec
Paul et Gaston Fournier un voyage en
Suisse, en Italie et en Autriche. Je les ac-
compagnai jusqu'à Milan. On pense bien
que nous n'étions pas mélancoliques ! Oui,
nous nous sommes, là aussi, bien amusés !
Je me souviens, entre autres détails, que
nous descendîmes le Righi par des chemins
non frayés. Gustave se plaignait fort de la
fatigue ; et il attribuait cette fatigue à un
malheureux petit album de botanique, à
fleurs alpestres, qu'il avait voulu rapporter
comme souvenir de l'excursion. On devine
que nous lui laissâmes tout le temps porter
son album ; et que, pendant toute la des-
cente, le malheureux album fut le point
de mire de toutes nos plaisanteries.

Tout ce que je raconte ici ne peut avoir
d'intérêt que pour les amis les plus intimes de Gustave, et pour ceux qui ont été

mêlés à sa vie; c'est, comme je l'ai dit, un
recueil d'anecdotes et non une biographie.
On me permettra donc de raconter un accident auquel Émile Guiard et Paul Fournier
ont été mêlés, accident qui m'a inspiré une
telle frayeur que le souvenir en est encore
aujourd'hui aussi vivace qu'au premier
jour.

Nous étions pour quelques jours, Émile,
Gustave et moi, dans l'hospitalière villa
de Mme Fournier à Villers-sur-Mer. Un
jour, avec Paul Fournier, nous allâmes
tous quatre sur la plage, jusqu'aux Roches-
Noires, qui sont à 2 kilomètres environ de
Villers. La marée montait; il fallait passer
par le haut des rochers. Émile et Paul les
escaladent pour aller *à la découverte*; je
reste avec Gustave sur le rivage. Mais bientôt nous voulons aussi escalader les rochers; je monte et Gustave me suit; tout
d'un coup, comme il tâchait de grimper en
s'accrochant avec la main, une des pierres

qu'il tenait se détache, et il tombe sur
le sol, où sa tête heurte violemment. Le
sang coulait; il avait perdu connaissance;
je le croyais mort. J'appelle, et aussitôt
Émile et Paul Fournier arrivent. Nous
convenons de *veiller* Gustave, tandis que
Paul doit aller à Villers chercher un
brancard. Mais la mer était haute : Émile
et moi nous attendîmes longtemps. Je
me souviens que notre cher Guiard me
demanda alors d'un ton attendri, pendant que nous étions à côté de Gustave,
qui reprenait peu à peu connaissance :
« Puis-je fumer ma pipe ? » Heureuse-
ment il pouvait fumer sa pipe sans remords; car la plaie était légère, et, au
bout de quelques jours, il n'y paraissait
plus.

Je m'aperçois qu'il est beaucoup plus
question ici de voyages, de parties de plaisir, de réunions amicales, que d'affaires
sérieuses. Pourtant, au milieu de ces di-

vertissements, Gustave travaillait. Au ministère des beaux-arts, il n'avait pas tardé
à se faire une situation exceptionnelle ; il
avançait rapidement dans la hiérarchie
administrative ; mais cet emploi, quoique
exigeant beaucoup d'application et de tact,
ne suffisait pas à son activité. C'est alors
qu'il songea à fonder l'*Union française de
la jeunesse.*

Je ne sais quel sera dans l'avenir le sort
de cette institution ; il est certain qu'elle
est aujourd'hui très prospère ; mais il est
aussi bien certain qu'elle est l'œuvre de
Gustave Ollendorff. C'est lui qui l'a faite
tout entière, et c'est lui seul. Il en a été l'ini-
tiateur, le créateur, l'inspirateur : tout enfin. Si ces jeunes gens étaient justes, — et
je ne doute pas qu'ils le soient, — ils don-
neraient à Gustave Ollendorff une place à
part ; non pas celle qui est réservée au
premier président de leur œuvre, — il
l'a été, c'est peu de chose, — mais celle

de *fondateur*. A vrai dire, il ne devrait y avoir,
parmi les fondateurs de l'Union française
de la jeunesse, d'autre nom que le sien.

Réunir des jeunes gens instruits, appar-
tenant à l'élite de la société, pour en faire
des professeurs, chargés de donner des
leçons élémentaires aux jeunes gens et
aux adultes des classes moins privilégiées,
c'est une idée heureuse et féconde, destinée
à diminuer la haine absurde que les classes
sociales ont les unes contre les autres, à
développer le goût de l'enseignement chez
les jeunes professeurs et le goût de l'instruction chez ceux qui les écoutent. On ne
saurait vraiment trop admirer cette belle
pensée que Gustave a fait réussir, à force
de patience, d'énergie ou d'éloquence.

Car il était vraiment éloquent, et, lorsqu'il parlait, on était tout de suite entraîné.
Les idées jaillissaient abondantes, sans
effort, en une langue claire, souple, ner-
veuse. Tantôt familier, tantôt ironique,

tantôt majestueux, il avait toutes les qualités de l'orateur; et, même entre camarades, il séduisait par ce merveilleux don
de la parole dont il possédait, par un heureux privilège de la nature, tous les secrets.

Il le fit servir au succès de l'Union française de la jeunesse. Il put ainsi réunir un
petit nombre d'amis dévoués qui se mirent
à prêcher la bonne parole — c'est-à-dire à
enseigner — dans les quartiers excen-
triques de Paris. D'abord l'auditoire était
peu nombreux; puis, peu à peu, on venait;
et finalement la salle était à peu près
pleine. Que sont devenus ces germes ainsi
jetés à profusion? Que deviennent chaque
jour toutes ces leçons qui répandent la
vérité de tous côtés? Personne ne peut le
dire. Mais ce qu'on doit affirmer, c'est que ces
leçons fructifient, et que le développement
intellectuel d'un peuple est en proportion
directe des notions scientifiques, histo-
riques ou littéraires qu'on lui inculque.

Une des grandes difficultés de l'Union
française, à son début, ce fut le manque
d'argent. On sait que c'est le vice originel
de toutes les institutions utiles. Pour trouver de l'argent, Gustave imagina une Matinée dramatique; et, par un trait de génie
vraiment admirable, il tâcha que cette
Matinée, qui devait apporter de l'argent
à la caisse de l'Union française, fût utile
à son ami Émile Guiard. Ce fut là, pour
nous tous, une journée vraiment mémo-
rable. Gustave fit d'abord une conférence
très applaudie, éloquent appel en faveur de
l'Union française, puis on joua avec un succès prodigieux la pièce de *Volte-Face*. Les
portes du Théâtre-Français s'ouvrirent
toutes grandes à Émile Guiard. Pauvre cher
ami! il me disait souvent plus tard que les
applaudissements qui accueillirent son œuvre à la Porte Saint-Martin dans cette inou-
bliable représentation vibraient encore à
ses oreilles. Ce jour-là, il connut la gloire, la

vraie gloire, et il n'oublia jamais qu'il
devait à Gustave l'occasion de cette gloire.

A partir de cette époque, les occupations
de Gustave devinrent plus absorbantes ; de
mon côté, je n'avais plus guère de loisirs,
de sorte que nous nous vîmes moins souvent que dans les premières années de nos
études. Mais notre amitié n'en fut pas
ébranlée, et, chaque fois que je le voyais,
je le trouvais toujours le même, aussi gai,
aussi confiant, aussi affectueux que par le
passé.

La maturité de son esprit était devenue
complète. Il avait acquis, en matière d'art,
une compétence remarquable, et, comme
il était spirituel écrivain, autant qu'éloquent orateur, il put faire des *salons* qui
furent très remarqués. Il avait lu beaucoup, et connaissait fort bien la littérature
contemporaine. Sa conversation était variée
et attachante ; mais ce qui séduisait, c'était
le côté fantaisiste et enfant de son carac-

tère. Quoique la vie n'eût pas toujours été
douce pour lui, et qu'à plusieurs reprises
il eût été secoué par la tempête, il avait
conservé une sérénité naïve et une insou-
ciance pleine de charmes. Il ne se plaignait
jamais, et, comme jadis, riait de bon cœur
dès qu'il se trouvait avec ceux qu'il aimait.
Son obligeance était sans limites. S'il s'a-
gissait de rendre service à quelqu'un, il
s'employait tout entier, sans marchander
sa peine, et avec une telle bonne grâce
qu'on semblait lui faire plaisir en lui de-
mandant un service. Homme du monde,
journaliste, administrateur, conférencier,
il était aussi homme de famille, gardant
aux siens une tendresse passionnée, et
apportant partout où il allait le charme de
sa bonne humeur et de sa communicative
gaieté.

Les années passaient; les lourdes années
qui changent les hommes, rendent moro-
ses les plus gais, défiants les plus naïfs,

mécontents les plus satisfaits. Mais elles
glissaient sur lui sans altérer son caractère. Il était resté jeune, et l'*Union française de la Jeunesse*, qui, en vertu de ses
statuts, dut le remplacer comme président,
aurait pu le garder, car l'âge ne lui avait
pas enlevé la jeunesse. Il était jeune malgré tout, malgré son talent, sa capacité et
son énergie d'administrateur.

Souvent, nous causions ensemble de ses
projets d'avenir. Dès son plus jeune âge,
la politique l'avait attiré : il avait fait,
après le siège, des discours dans des
réunions politiques; il avait, dans diverses
conférences, montré un talent et une originalité de premier ordre; il aurait pu se
présenter à la députation; il le désirait,
mais l'occasion fit défaut, ou plutôt il ne
voulut pas faire naître cette occasion. Souvent la politique est faite de faiblesses et
de concessions; il faut dissimuler son opi-
nion véritable, la modifier suivant l'époque

et les hommes. Gustave ne se sentait pas
d'humeur à faire ces compromissions. Il ne
voulut pas cacher son drapeau. Il était
modéré ; et jamais il ne consentit à prendre
une autre étiquette, même sur un pro-
gramme électoral. Quel dommage ! disions-
nous les uns et les autres, nous qui connaissions ses rares qualités d'orateur. Quel
dommage ! se disait-il peut-être, en son-
geant qu'il aurait eu là un si bel avenir.

Mais, à défaut d'une position politique,
il avait conquis une belle situation dans
l'administration des beaux-arts. Il y était
chef du bureau des Musées, des Expositions et des souscriptions aux ouvrages
d'art. Quand M. Lockroy devint ministre du
commerce, il appela Gustave, qui avait été
longtemps son secrétaire particulier, à la
direction de son cabinet.

Ce fut là l'apogée de sa carrière. On sait
que l'Exposition universelle de 1889 fut
préparée par M. Lockroy ; et nous ne bles-

serons personne en disant que Gustave
prit une part très importante dans l'orga-
nisation de cette belle Exposition. Sa mer-
veilleuse activité s'y employa tout entière.
Pendant plusieurs mois il y travailla jour
et nuit; la complication des rouages de cet
immense mécanisme était prodigieuse, mais
Gustave suffisait à tout. Cet orateur, cet
artiste, cet homme du monde, ce joyeux
convive, était, par surcroît, un administrateur de premier ordre.

En 1886, il avait été nommé chevalier de
la Légion d'honneur, et, quand M. Lockroy
quitta le ministère, laissant à d'autres
l'honneur d'inaugurer cette Exposition qui
était son œuvre, Gustave passa à la direction du personnel et de l'enseignement
technique à ce même ministère du commerce, de l'industrie et des colonies.

Hélas! il commençait déjà à ressentir les
premières atteintes du mal cruel qui devait,
après de longues et indicibles souffrances,

l'enlever à l'amitié et à l'affection des siens. Peu à peu, lentement mais sûrement, le mal s'emparait de lui, déjouant par ses formes anormales la perspicacité des médecins.

D'abord je ne m'inquiétai pas, en voyant qu'il conservait les apparences de la santé; mais, au bout de quelques mois, au milieu de l'année 1890, il n'y avait plus à se leurrer; il était devenu si pâle et si maigre, se traînant à peine, que toute illusion sur le sort qui lui était réservé devenait impossible.

Bientôt, le mal continuant sa marche implacable, il fut forcé de s'aliter. Oh! comme il résistait héroïquement, devinant qu'il était perdu, mais cependant cherchant encore quelque espérance, et ne voulant pas attrister ceux qui l'entouraient.

J'allais le voir souvent, et je passais ainsi une heure ou deux à son chevet, torturé par un secret remords, le remords de ne pas avoir, comme je l'aurais pu sans doute, consacré plus de temps à son amitié lorsqu'il était plein de force et de vie. Mais n'est-ce pas le sort commun ? Nous sommes environnés de biens que nous ne savons pas apprécier, et nous n'en connaissons toute la douceur que lorsqu'un destin cruel vient nous les arracher.

Dans les longues conversations que nous avions ensemble, je retrouvais le cher Gustave d'autrefois. Même tendresse et même délicatesse de cœur, même finesse de sentiments. Parfois, soudain, il s'interrompait; une douleur plus aiguë le traversait de part en part; et la souffrance était alors si forte que nous en étions venus à regarder sa mort prochaine comme une véritable délivrance.

Le 10 septembre 1891, je revenais d'un assez long voyage; ma première visite fut pour lui : « Ah ! me dit-il, du plus loin qu'il m'aperçut. Je te revois... Je te revois. » Ce furent presque les seules paroles qu'il put prononcer ce jour-là, tant il était faible.

Je le quittai; j'étais navré : pourtant je ne pensais pas que la mort était si proche. Un dimanche matin, le dimanche 20 septembre 1891, j'étais à Villers-sur-Mer. J'avais, la veille même, voulu revoir cette roche où, seize ans auparavant, je l'avais vu tomber, et échapper par miracle à la mort. Soudain l'idée me vint de lui adresser un petit mot d'amitié : « Courage, cher ami, lui disais-je... courage. Ce n'est qu'une crise passagère... ta vilaine maladie va bientôt s'arrêter; tu reprendras le dessus, et nous retrouverons les jours heureux d'autrefois. » Pendant que je fermais la lettre, on m'apporta un télégramme : c'était le télégramme de Paul Ollendorff m'annonçant que ce cher ami n'existait plus.

CHARLES RICHET.

DISCOURS

PRONONCÉS AUX OBSÈQUES

DE

GUSTAVE OLLENDORFF

Le 22 Septembre 1891

DISCOURS

DE

M. ZADOC KAHN

Grand rabbin de France

Messieurs,

La mort prématurée de Gustave Ollendorff est un deuil cruel pour sa famille et ses amis. Elle est pour tous ceux qui l'ont connu ou qui ont simplement entendu parler de lui un sujet de grande tristesse et de profonde pitié. C'est la tristesse et la pitié qu'inspirent naturellement les destinées incomplètes, les carrières brillamment commencées et tout d'un coup brisées, les beaux talents qui n'ont pu donner tous leurs fruits.

Ce n'est pas toutefois pour exprimer tous ces regrets que je prends la parole. Ils trouveront des interprètes autorisés qui, ayant vécu dans l'intimité de Gustave Ollendorff, l'ayant vu à l'œuvre, sont en mesure de rendre un hommage mérité à son intelligence, à son cœur, à son caractère, et de dire tout ce que perd notre pays en le perdant.

Mais Gustave Ollendorff appartenait au culte israélite, son enfance s'est épanouie à l'ombre des traditions israélites, et il ne l'a jamais oublié dans les entraînements de la vie et les soucis absorbants des devoirs publics. A ce titre déjà, le ministre de la religion lui doit une parole de sympathie et une prière émue. Mais il y a plus. En reportant mes souvenirs bien loin en arrière, je revois Gustave Ollendorff et

son frère Paul encore tout jeunes enfants,
qu'unissait une touchante amitié destinée
à se resserrer avec les années, s'initiant
sous ma direction à la connaissance de
l'histoire du judaïsme, de ses croyances et
de sa morale. Je revois du même coup cet
intérieur charmant, ce foyer hospitalier,
patriarcal, où régnaient toutes les vertus
de famille, embelli par l'affection, la paix,
la confiance, la dignité de la vie, les plai-
sirs de l'esprit, les relations de l'amitié,
où les parents exerçaient avec douceur
leur sainte autorité, où le père, aimé et
estimé comme un véritable homme de bien,
travaillait sans relâche au rapprochement
des hommes et des peuples en facilitant
aux intelligences des plus modestes l'étude
des langues étrangères, où une mère admirable remplissait le rôle de Providence de
la maison. Là, les dons naturels des enfants
trouvaient un terrain propice, les qualités
du cœur comme les facultés de l'esprit se

développaient sans contrainte. C'est un de mes plus chers, de mes plus doux souvenirs, qui se place au début de ma carrière comme un rayon de soleil. Cela expliquerait, s'il en était besoin, ma présence devant ce cercueil, mon intervention dans cette triste cérémonie et la part que je prends à un deuil qui est pour moi comme un deuil de famille.

Messieurs, la vie, la vie à Paris surtout, avec ses hasards, ses devoirs multiples, ses incessantes préoccupations, ne permet pas de cultiver les amitiés auxquelles on tient le plus. Il m'a été donné cependant assez souvent de revoir Gustave Ollendorff. C'était toujours une grande joie pour moi, une joie de me trouver en présence de cette figure si ouverte, si attrayante, empreinte de tant d'intelligence et de bonté ; une joie de constater que l'enfant avait tenu toutes ses promesses et était devenu un jeune homme instruit, distingué, prenant la vie

au sérieux, riche d'espérances et plein
d'ambitions justifiées : une joie enfin de
suivre pas à pas le développement de sa
carrière, d'apprendre par les mille voix de
la publicité l'éclat de son talent, son intelligente activité, son esprit d'initiative, la
part qu'il prenait au relèvement de notre
pays par la diffusion de l'instruction, le concours dévoué qu'il prêtait, dans les hautes
administrations, à des chefs d'un rare mérite, le succès de sa parole qui coulait de
source et qu'il mettait toujours au service
des idées raisonnables et des intérêts de
la patrie. J'en étais fier pour lui, pour sa
mère si digne d'être heureuse par ses
enfants, pour tous ceux qui lui étaient
chers.

Gustave Ollendorff, Messieurs, a donné
vingt années de son existence à son pays.
C'est beaucoup, parce que ces vingt années
ont été excellement remplies, et le travail
qu'il a fourni est considérable. Mais il est

triste de penser au vide immense que sa disparition laisse derrière lui.

On dit bien qu'il a cessé de souffrir, car il a souffert de longs mois, il a connu les angoisses du dépérissement physique avec une intelligence restée intacte, il a senti ses forces s'en aller peu à peu et le sol manquer sous ses pas. Dans ces conditions on appelle la mort une délivrance. Oui, mais pourquoi a-t-il tant souffert? pourquoi ce mal implacable qui a résisté à tous les efforts de la science unie à l'amitié, aux soins d'infatigables dévouements, et qui l'a conduit, par un chemin douloureux, vers la tombe? Hélas! nous recevons la vie, nous ne la réglons pas, nous ne la dirigeons pas. Il y a un maître tout-puissant qui tient nos destinées entre ses mains et qui ne nous révèle pas ses secrets. Cependant cette pensée de Dieu jette quelque clarté dans les ombres qui nous enveloppent et font luire un rayon de consola-

tion à travers nos larmes; car autre chose
est de nous savoir entre les mains d'un
Dieu sage et bon qui, nous en avons la
certitude, fait bien ce qu'il fait, autre chose
de nous croire le jouet d'une aveugle fata-
lité ou d'une force brutale et inconsciente
qu'on ne peut même interroger !

Notre frère a obéi fidèlement à la loi de
la vie; il avait reçu de brillantes facultés
et il en a fait un excellent usage; il a aimé
son pays de toute l'ardeur des jeunes gé-
nérations qui, après avoir assisté le dés-
espoir dans l'âme à ses tristesses et à ses
désastres, se sont appliquées avec succès
à panser ses blessures et à lui rendre son
rang et ses prestiges. Il a eu le bonheur
de pouvoir suivre ses inspirations patrio-
tiques; une voie d'activité généreuse s'était
ouverte devant lui, il s'y est élancé avec
enthousiasme. Sa vie si courte n'aura donc
pas été inutile : il a gagné le repos venu
un peu tôt, mais après lequel, dans ces

derniers temps, il a soupiré plus d'une fois. Le nom si honoré qu'il tenait de son père, il le laisse ennobli encore à ses enfants, à tous ceux qui le pleurent. C'est un patrimoine que rien n'égale, c'est un héritage moral qui sera dignement recueilli. Il lègue à sa famille, avec de grands regrets, de grands devoirs, et à son pays le souvenir des services qu'il a rendus et qu'il aurait voulu rendre encore. Aussi son nom sera-t-il une protection pour les êtres aimés qu'il abandonne aux difficultés de la vie, comme son exemple mérite d'être suivi par ceux qui, dans une mesure petite ou grande, sont appelés à concourir par leur travail à la grandeur, à la prospérité, aux progrès de leur pays.

Adieu, cher Ollendorff! Je vous ai pris en affection quand vous étiez enfant; je vous ai estimé et aimé depuis que vous êtes arrivé à l'âge d'homme, et je vous pleure à cette heure comme on pleure un ami bien

cher. Le bonheur s'est dérobé à vous ici-
bas, mais nous avons confiance dans les
promesses de notre Dieu, et nous rêvons
pour vous le bonheur là-haut, dans la patrie
céleste où les âmes se réunissent et reçoivent le prix de leur activité, de leur
droiture et de leur dévouement. Que votre
âme repose en paix ! Amen !

C'est presque un devoir pour moi, qui
l'ai suivi dans toute sa carrière, de dire
un dernier adieu à Gustave Ollendorff.
Vous savez, Messieurs, tout ce qu'il em-
porte avec lui : Quel cœur noble, quelle
conscience droite, quel caractère loyal,
quel dévouement infatigable, quelle intelligence prudente et sûre d'elle-même. La
mort, qui l'a menacé si longtemps avant
de le frapper, a montré combien, sous une

apparence enjouée, il cachait d'énergie
et de froid courage.

Sa vie, trop courte, a cependant été bien
remplie. Nul n'a mis plus d'ardeur et
d'activité à la défense de ses idées et de
son cœur. Orateur éloquent, administrateur habile et ferme, écrivain, critique
d'art, il a montré en toutes choses les ressources et la fertilité de son esprit. C'était
surtout la politique qui l'attirait et le
passionnait.

Il semblait destiné aux luttes de la tribune. Nous l'attendions à la Chambre, au
milieu de nous, et sa place semblait marquée dans les rangs de ce parti républicain qu'il avait toujours servi avec tant de
zèle, de talent, d'abnégation et de fidélité.

Ceux-là seuls qui l'ont vu à l'œuvre sa-
vent quelles étaient son aptitude au travail
et son admirable activité. C'est à lui que
nous devons cette belle association de
l'Union française de la jeunesse, qui

lui survivra longtemps encore. On sait
quelle forte impulsion il a donnée au service de l'enseignement professionnel et
technique, à la tête duquel j'ai eu le bonheur de le placer, et qui, grâce à ses
efforts, contribuera à maintenir dans le
monde la supériorité et la fortune indus-
trielle de la France.

Il m'appartient d'ajouter qu'il fut un des
promoteurs les plus utiles de l'Exposition
de 1889, en même temps qu'un des moins
récompensés. Il est bon qu'à cette heure
dernière, où nous lui disons adieu, toute
justice lui soit rendue.

La République perd en lui un de ses
partisans les plus convaincus, le Gouvernement un de ses plus éminents collaborateurs. Nous, Messieurs, nous perdons
un ami bien cher.

Adieu, Ollendorff. Vous mourez jeune,
mais si avant de mourir vous avez jeté un
regard en arrière, vous n'avez dû rien re-

gretter de la vie : vous avez toujours rem-
pli votre devoir ; vous emportez les regrets
d'une famille désespérée ; l'estime de tous
ceux qui vous ont connu.

DISCOURS

DE

M. GEORGES LAFENESTRE

Comment serait-il possible aux fonc-
tionnaires et employés de la direction des
beaux-arts de laisser disparaître, sans lui
adresser leur suprême adieu, l'un des
hommes qui, dans ces vingt dernières
années, ont le plus animé de leur activité
chaleureuse cette vieille et chère maison
à laquelle on reste toujours attaché, même
lorsqu'on s'en éloigne ? C'est au ministère
du commerce, il est vrai, que Gustave

Ollendorff a terminé, comme directeur, sa si brillante carrière; mais c'est au ministère de l'instruction publique, dans le service des beaux-arts, qu'il a débuté dès sa première jeunesse; c'est là qu'il s'est préparé, dans un milieu amical, à ces hautes destinées où son ambition était en droit de prétendre; c'est là enfin, nous pouvons presque le dire, nous, ses camarades et ses confidents, qu'après quinze années de séjour, son âme restait encore fixée.

Personne d'entre nous, collègues ou camarades, n'a oublié l'extraordinaire entrain avec lequel, revenant du cabinet du ministre, Gustave Ollendorff se mit à la tête du bureau des musées et expositions. L'ardeur généreuse de ses convictions, la hardiesse intelligente de son initiative, la variété singulière de ses connaissances, l'abondante cordialité de son éloquence, l'étendue de ses relations politiques et

littéraires, en firent vite l'un des agents
les plus estimés et les plus utiles d'une
administration dans laquelle le tact et
l'agrément personnels ne sont pas des
qualités indifférentes dans l'exercice de
fonctions souvent délicates. Dès lors, son
activité surprenante et incessante effrayait
tous ses amis. Ne pouvant ou ne voulant
rien sacrifier de ses multiples aspirations,
ne se dérobant à aucune tâche ou plutôt
les recherchant toutes, à la fois administrateur, conférencier, professeur, juriste,
journaliste, homme du monde, jamais on
ne vit quelqu'un s'efforcer de suffire et
suffire, en effet, pour un temps, à tant de
choses, à toutes les curiosités de son intelligence, comme à tous les devoirs de sa
profession, en même temps qu'à toutes
ses obligations de famille, de société, d'a-
mitié, obligations que son noble cœur,
expansif et serviable, étendait et multi-
pliait à l'infini, sans compter ni ses pas,

ni son temps, ni ses forces, hélas! C'est
de cette activité généreuse qu'il est mort.
Comme ces soldats trop ardents qui, dès
la première rencontre, épuisent leurs mu-
nitions, il a consommé, en quelques jours,
la quantité de vie qui eût suffi peut-être
pour conduire tout autre, plus vulgaire-
ment prudent, jusqu'à l'extrême vieillesse.

Sous quel long acharnement d'indes-
criptibles souffrances a donc succombé
cette admirable vitalité? La malheureuse
famille qui, depuis plus d'un an, a lutté,
tout entière, pour le disputer à son destin, en connaît seule l'effroyable étendue.
Certes, il n'est point de parole humaine
qui puisse sécher les justes larmes de cette
veuve désespérée, de ces trois pauvres
orphelins, de cette incomparable mère et
de tous ces proches si dévoués et si cruel-
lement frappés. Nous voudrions seulement
que notre sympathie profonde les puisse
aider à supporter le poids de leur douleur,

en les assurant qu'elle est bien partagée,
et que chez nous tous, dans l'administration des beaux-arts, survivra la mémoire
de Gustave Ollendorff, comme celle d'un
homme supérieur, d'un excellent camarade, d'un ami remarquablement fidèle.

DISCOURS

DE

M. PASQUIER

———

Messieurs,

Au nom du Ministère du Commerce et
de son Personnel tout entier, je viens
dire à Gustave Ollendorff le dernier adieu.
Cette tombe entr'ouverte ne nous prend
pas seulement un collègue, un chef estimé,
doué de la plus belle intelligence et des
plus brillantes qualités : il n'en est pas
un parmi nous qui, en Gustave Ollendorff,
ne perde en même temps un ami.

L'Administration perd aussi en lui un de ses serviteurs les plus distingués et les plus dévoués. Dans les importantes fonctions auxquelles la confiance du gouvernement l'avait appelé, sa tâche était vaste et laborieuse; il avait pris à cœur le développement de l'enseignement technique, qu'il considérait comme intimement lié au progrès du commerce et de l'industrie.

Malgré des difficultés de toute nature, nous l'avons vu — déployant toutes les ressources de son esprit à la fois si subtil et si ferme — triompher de tous les obstacles; et si la mort l'a frappé avant l'accomplissement de l'œuvre qu'il avait rêvée, s'il n'a pu la terminer, il a du moins tracé la voie, il a marqué le but, et son initiative ne restera pas stérile.

Mais c'est l'ami, surtout, qui reste présent à nos souvenirs; et quand je veux rappeler les services rendus par lui à l'Ad-

ministration et à l'État, quand je veux
évoquer cet esprit toujours en·éveil, cette
intelligence prête à tout embrasser, cette
éloquence entraînante; quand je veux le
peindre prodigue des belles facultés dont
la nature l'avait comblé, dépensant, sans
compter, son cerveau, sa vie, hélas! je ne
puis me défendre de penser à sa délicatesse, à la générosité de son cœur, aux
nobles qualités qui l'animaient et qui le
rendaient cher à tous ceux qui l'appro-
chaient. C'est de lui que l'on peut dire que
le connaître c'était l'aimer.

C'est à nous qui l'avons bien connu, à
nous qui l'avons vu à l'œuvre qu'il appartient de dire la vive amitié, l'estime
profonde qu'il méritait, les regrets infinis
qu'il laisse après lui et le souvenir inef-
façable que lui garderont, au fond du
cœur, ses collègues et ses collaborateurs.

Adieu, cher Ollendorff. Au seuil de cette
tombe où tu reposes, après ce long mar-

tyre dont nous avons souffert avec toi,
c'est le cœur plein de douleur que nous te
disons adieu !

DISCOURS

DE

M. MESUREUR

Les Écoles nationales d'arts et métiers
et la Société des anciens élèves, que j'ai la
triste mission de représenter aujourd'hui,
perdent un partisan convaincu et dévoué,
et moi un de mes meilleurs amis.

Pour contenir mon émotion, il me faut
la volonté du devoir que j'accomplis en
parlant sur cette tombe.

Oui, nous faisons une immense perte!...
Jamais nos Écoles n'avaient été confiées à

des mains plus décidées à les faire grandes
et prospères.

Cet esprit libéral, ce cœur élevé et généreux comprenait tout le parti à tirer de
cette jeunesse sortie des rangs de la meilleure démocratie de notre pays, et il com-
muniquait à ses dévoués collaborateurs
ses idées si grandes sur toutes choses.

La société des anciens élèves lui avait
inspiré sympathie et attachement. — Personne n'oubliera ce qu'il a fait pour nous,
ni la joie qu'il nous a témoignée quand nous
l'avons nommé membre honoraire de notre
grande société amicale.

En faisant appel à nous pour l'enseignement technique qu'il avait à cœur de développer en France, et pour lequel il a tant
fait pendant son trop court passage à la
tête de ce grand service, nos relations sont
devenues profondément amicales et sin-
cères.

Ce charmeur incomparable, auquel per-

sonne ne pouvait résister, était bien digne
des grandes affections qu'il inspirait et de
la douleur poignante que nous ressentons,
depuis si longtemps, hélas ! que cette ter-
rible maladie nous faisait craindre ce fatal
dénouement.

Que dire encore que vous ne sachiez
tous sur les qualités rares et exquises de
ce jeune et vaillant cœur ?

Si j'avais son éloquence, je serais heureux de dire, comme il savait le faire, tout
le bien que nous pensons de lui, et notre
immense douleur !

Grande nature que celle-là ! notre ami
avait des qualités de premier ordre, sa tête
était excellente et son cœur meilleur encore.

Rendre service lui semblait la meilleure,
la plus fructueuse des occupations.

Et puis, dans la manière de rendre service, quel empressement ! quelle bonne
grâce ! quelle exquise et charmante délicatesse !

Comment ne l'eût-on pas aimé entre tous? On le savait aussi sûr que fidèle et dévoué.

Jamais l'égoïsme, cette passion des natures étroites et mesquines, n'a pu l'atteindre. Il était au-dessus de toutes les suggestions de l'intérêt personnel et il se sentait toujours heureux du bonheur des autres.

Cher ami! pourquoi avez-vous tant souffert? pourquoi nous êtes-vous ainsi enlevé?— alors que tant d'affection vous entourait et que vous étiez si résigné et bon, même au milieu de vos terribles souffrances?

Secret insondable! dont la seule consolation échappe à ceux qui n'espèrent pas se revoir.

Quelle perte! quel vide dans cette famille si unie où ce pauvre ami occupait la plus grande place!

Cher ami, on ne se lasserait point de

parler de vous. — Je voudrais pouvoir vous dire tout ce que mon âme éprouve en ce moment de poignante angoisse et de suprême séparation. Vous nous quittez, mais votre souvenir et votre image ne nous quitteront pas. Nous ne vous oublierons jamais et nous essaierons, en pensant à vous, de continuer votre œuvre.

Personnellement, mon cher et regretté ami, je ne puis que vous jeter, à travers les obscurités de l'infini, l'adieu d'un cœur déchiré par la douleur.

ALLOCUTION

PRONONCÉE PAR

M. MARCEL CHARLOT

Président honoraire
de l'Union française de la Jeunesse

———

De toutes les œuvres auxquelles Gustave Ollendorff s'était voué, aucune ne lui doit plus que l'Union française de la jeunesse. Nulle part il ne laisse de plus profonds regrets.

Il fut un des premiers qui songèrent à la fonder; il fut celui qui la fonda réellement. Au lendemain de la guerre, avant la

naissance de toutes ces associations de
jeunes gens et d'étudiants, si nombreuses
aujourd'hui, il eut, le premier, l'honneur
et la gloire de grouper, pour des efforts
virils, les forces vives de la jeunesse française. Pour relever et venger noblement
la France vaincue, il fit appel à la France
du lendemain. Dans un bel élan de patriotisme et d'abnégation, il convia tous les
jeunes gens à qui le sort avait donné l'intelligence, les loisirs, la forte instruction, à se
considérer non comme propriétaires, mais
comme débiteurs de ces biens précieux, et
à les partager fraternellement avec les
déshérités du savoir et du bonheur. Les scep-
tiques disaient : « Cela ne durera pas ; c'est
l'illusion de la vingtième année. » Mais cela
dura, car Ollendorff eut toujours vingt ans.

Son appel fut vite entendu ; l'Union
française de la jeunesse, œuvre de paix
sociale et de solidarité, fut créée. Grâce
à lui, elle se constitua solidement, déli-

mita son champ d'action, se garda sage-
ment des imprudences compromettantes.
Mais une société ne vit pas seulement de
règlements et de sages précautions ; elle
vit surtout de la chaleur de cœur et de la
parole enflammée des hommes qui la di-
rigent. A tous ces titres, il était bien notre
chef. Ceux qui sont ici et ceux que l'éloi-
gnement empêche de pleurer avec nous
devant cette tombe, ceux qui sont jeunes
encore et ceux que la vie commence à mar-
quer de ses rides, se souviennent avec émotion de l'éclat, du charme, de la grâce incomparable de sa parole entraînante. Il était la
joie de nos fêtes ; il était aussi notre recours
dans les cas difficiles, tant l'orateur enthou-
siaste faisait aisément place chez lui, quand
il le fallait, à l'administrateur habile, au
conseiller prudent et réfléchi. Il y a dix-huit
mois à peine, atteint par la maladie, mais
la domptant avec une énergie rare, il venait
encore parmi nous, il assistait à nos déli-

bérations, et lorsque nous le voyions paraître avec cette double séduction qui ne
le quitta jamais,

Jeunesse de visage et jeunesse de cœur,

nous nous sentions plus jeunes, nous aussi,
et un souffle vivifiant courait dans nos
âmes.

Que reste-t-il de lui aujourd'hui ? Il reste
— outre cette dépouille où nous viendrons
plus d'une fois apporter le témoignage de
notre reconnaissance et de notre affection
— la meilleure partie de lui-même, c'est-
à-dire une œuvre forte et belle et l'honneur
d'avoir contribué au relèvement de son
pays. Cette pensée seule peut adoucir
l'âpreté de nos regrets et l'amertume de
l'adieu suprême que nous adressons à notre
pauvre ami.

Au nom des amis de Gustave Ollendorff,
je viens ici lui dire un dernier adieu.
Avons-nous le droit de parler de notre
douleur, quand nous voyons autour de cette
tombe toute cette famille en deuil et désespérée? Eh bien! oui, nous avons ce
droit, nous ses amis, nous qu'il a, les uns
et les autres, comblés des trésors de son
affection; car nous aussi, nous laissons
dans ce cercueil un lambeau de notre

cœur : c'est un fragment de notre vie et de notre jeunesse qui s'en va.

Pauvre ami! comme il a souffert! et avec quelle vaillance, quelle résignation stoïque! Mais je veux écarter ces lugubres souvenirs. Songeons, non pas au pauvre cher malade étendu sur son lit de douleurs, mais à l'ami chéri que nous connûmes, au temps de la santé, de la vigueur et de la prospérité ; si plein de vie et de force. Quelle gaieté robuste, et franche, et loyale! Quel charme dans la conversation et les manières! Quelle confiance dans l'avenir, confiance superbe et inébranlable qui lui a fait faire tant de belles choses! — Ah! que de beaux rêves nous fîmes ensemble! ou plutôt quels beaux rêves n'avons-nous pas faits ensemble! — Par-dessus tout, quel dévouement à ses amis, dévouement ailant, non pas quelquefois, mais toujours, jusqu'à l'abnégation et au sacrifice! — C'était un cœur généreux; c'était une grande âme, inca-

pable de ressentiment, de haine et d'envie,
capable seulement de tendresse et d'amitié.

Mais l'amitié, cette chose sainte, ne sera
pas brisée par la mort; car — nous en faisons ici le serment — nous conserverons
jusqu'à notre dernier jour, intact et vivant
en notre cœur, le souvenir de notre cher
ami.

NOTICE

LUE A L'ASSEMBLÉE GÉNÉRALE DE L'ASSOCIATION
DES SECRÉTAIRES ET ANCIENS SECRÉTAIRES
DE LA CONFÉRENCE DES AVOCATS, LE 14 DÉCEMBRE 1891

PAR

M. LUCIEN HENRY

Avocat à la Cour d'appel

Un de ses meilleurs amis a écrit à bon
droit de Gustave Ollendorff : « L'éloquence
jaillissait de tout son être... Il semblait
créé et mis au monde pour parler aux
hommes assemblés, pour persuader les
foules, pour leur plaire. »

Et il lui a rendu justice, en ajoutant :
« Il était bon. »

Tel il fut, en effet, — tel par le talent,
tel par le caractère.

Il n'eut pas toute latitude dans le choix
d'une profession, et, à peine ses classes
terminées au lycée Bonaparte, à peine
licencié en droit, il entra à la direction des
Beaux-Arts du ministère de l'Instruction

publique. Mais, du moins, l'administration
laissait à ce fils dévoué le bien, le plus cher
à ses yeux, la liberté de la parole. Parler,
en effet, fut sa joie, et comme sa raison
d'être. Il parlait sur tous les modes, et
son éloquence, ondoyante et diverse, allait
de l'étincelante causerie à l'ardente phi-
lippique. Ce sont, Messieurs, semble-t-il,
les faces diverses de son talent d'orateur
qu'il convient ici de remettre en lumière,
car c'est par la parole qu'il fut, surtout,
des nôtres.

Il a les dons physiques rehaussés par la
jeunesse, le torse puissant, la poitrine
robuste, le teint éclatant, la chevelure
ondulée et la barbe soyeuse d'un blond
vénitien, les yeux tour à tour ardents et
doux, la bouche épanouie en un franc
sourire ou frémissante sous un verbe
nombreux et pressé.

La chaleur d'âme, l'afflux de l'idée, la
copía, l'abondance de la langue, la facilité

de l'élocution, le rythme, la voix chaude, le geste large et approprié, Ollendorff à tout d'un vrai tribun.

Ce tribun virulent est aussi un *debater* émérite, dont les ressources peuvent inquiéter ses contradicteurs les plus maîtres d'eux-mêmes. Son improvisation ne va pas à l'aventure, et une présence d'esprit très sûre, un jugement très net la prémunissent contre les attaques d'une dialectique serrée. Et c'est merveille, après de vifs engagements, de la voir descendre à l'entretien familier, pour se répandre, peut-être encore, par la force du raisonnement ou le ressort de la passion, en de nouveaux et nobles emportements.

En effet, il a la véhémence, et, soudain, l'alerte ironie; puis, son aimable esprit s'échappe en de rieuses boutades, ou son âme en de sentimentales et hautes envolées.

Il a le trait incisif, qui suscite l'inter-

ruption aiguë, et c'est un plaisir délicat de
le voir jouer avec elle, tel le jongleur avec
un poignard. Loin de la craindre, il la
recherche, il l'appelle ; c'est qu'il y ripos-
tera par un coup droit, prompt comme
l'éclair, ou la noiera dédaigneusement
sous les ondes cadencées d'une période
sonore. La contradiction, qui, pour d'au-
cuns, envelopperait d'ombre la route à
suivre, éclaire sa voie d'une vive lumière.
Que de fois on constate qu'à mesure qu'il
parle, sa pensée se précise pour lui-même,
et se détache en vigueur pour son auditoire ! Et c'est ainsi que l'éclat de la forme
ne va jamais jusqu'à dissimuler la pensée
sous son voile prestigieux.

Tribun, sans doute, et, suivant l'heure,
Ollendorff, de plus, a reçu de la nature
des dons variés à l'infini ; par l'art, il les
étend et les assouplit. N'est-il pas, dès
lors, plus qu'un tribun ? N'est-il pas un
orateur ?

De prime abord, sa jeune activité se
tourna vers un but élevé. Dans une pensée
de solidarité, il fonda, avec quelques amis,
l'Union française de la jeunesse, dont il
fut président effectif et resta président
honoraire. Les jeunes professeurs de cette
association qui, par la vertu même d'un
travail libre et d'un enseignement régu-
lier, reçoivent de leurs élèves presque autant qu'ils leur donnent, s'efforcent de com-
penser, dans la mesure du possible, les
inégalités que les conditions sociales créent
fatalement entre les jeunes gens avides de
s'instruire. Avec une rare persévérance,
avec une générosité que n'épuisa aucune
fatigue, il se voua à cette œuvre populaire.
Cette propagande de l'enseignement était
déjà de la politique, et de la meilleure, et,
avec la passion de l'art et de l'éloquence,
elle fit *l'unité* de la vie d'Ollendorff. Et,
pour donner le bon exemple, il monta dans
la chaire du professeur, au milieu d'élèves

qui étaient à peine plus jeunes que lui. Il
vulgarisait avec souplesse les connaissances
usuelles et faisait preuve, sous une forme
simple, familière, enjouée, de cette aptitude qui lui permettait de s'adresser à
tous les auditoires avec un bonheur presque
égal.

Tout frais émoulu du collège, on l'avait
vu entrer dans la carrière politique, quand
ses aînés y combattaient avec éclat, pour
arracher à l'Empire les libertés nécessai-
res. Durant le siège de Paris, la Commune,
la période électorale de 1871, il luttait auprès d'eux, avec une passion débordante,
amenant les clubs les plus enflammés, grâce
à ses dons oratoires, à sa rayonnante jeunesse, à cette passion même, à discuter
les solutions sages, que commandait la
raison. En ces jours d'anxiété, où tant
d'esprits, et des mieux trempés, semblaien
s'abandonner eux-mêmes, il tenait tête
aux emportements populaires avec une

crânerie qui étonnait, subjuguait, et, parfois, désarmait ses adversaires les plus
exaltés. Il se montrait, dès lors, ce qu'il
resta toujours, fougueux jusque dans la
modération, et l'on ne sut jamais ce qu'il
fallait le plus admirer de sa précoce maturité ou de sa juvénile ardeur.

Nul ne s'étonnera qu'après ces débuts la
politique l'attirât et éveillât chez lui une
légitime ambition. Celle-ci se révélait sans
fausse pudeur, dans la nudité et la simpli-
cité de la nature ; et qui donc la lui repro-
cherait, puisqu'elle se haussait aux plus
nobles aspirations ? Il était allé tout droit
à la République, comme à la forme de
gouvernement qui s'imposait à son intelligence ; et, dans la pratique, il estimait,
avec une vue nette du présent et une claire
prévision de l'avenir, que, non seulement,
après nos revers, elle nous divisait le moins,
mais qu'elle devait encore, avec les années,
nous unir le mieux, en relevant la patrie.

C'était le vœu qu'il exprimait avec chaleur, et, pour le voir réalisé, il réglait par la prudence la vivacité même d'inébranlables et impatientes convictions.

Son ambition était trop haute, trop droit son caractère, pour qu'il se pliât aux concessions, qu'il jugeait excessives, et pour qu'à un tel prix, il consentît à obtenir l'accès de la tribune parlementaire et à répondre aux appels, qui le sollicitaient. Et c'est ainsi que cet ambitieux fit, en silence, à sa modération, le sacrifice de son rêve le plus cher et, si l'on peut dire, de sa vocation politique.

Cette vocation se révéla, surtout, à la conférence Marie, puis à la conférence Molé, où le porta sa prédilection pour les débats publics. Il aimait ces luttes, auxquelles, d'abord, il prenait, chaque semaine, une part prépondérante; et quand, plus tard, les occupations de tous ordres, qui le surchargeaient, hélas! ne lui laissèrent

que de trop courts loisirs, il se plaisait
encore à venir, au pied levé, rompre des
lances en ces tournois. Là, ses collègues
concevaient pour lui autant d'espérances,
et d'aussi brillantes, qu'il en put avoir jamais, et rendaient hommage à son éloquence spontanée, qui se déployait à l'aise
en ce milieu d'élection.

Or, ce vulgarisateur attrayant de l'enseignement, ce précoce jouteur des réunions publiques et des clubs, cet orateur
favori de nos conférences tenait à grand
honneur d'appartenir à l'ordre des avocats
à la Cour d'appel. Inscrit au barreau, il
ne fit que traverser le Palais. On se prend
à le regretter, si l'on envisage quel il eût
été à la barre. L'étude patiente des dos-
siers l'eût-elle fortement attaché? La com-
paraison minutieuse des textes l'eût-elle
captivé... ou les subtilités de la procédure
ou les distinctions entre les textes de la
jurisprudence? On hésite à l'affirmer, mais

il eût, à coup sûr, témoigné de qualités
très personnelles. On le voit à la Cour
d'assises exerçant la puissance fascinatrice
à laquelle le jury n'échappe guère. La ra-
pidité du coup d'œil et les ressources d'un
art très souple l'eussent merveilleusement
servi devant les tribunaux correctionnels.
Enfin, il eût obtenu le succès en certaines
causes civiles, où la science juridique cède
volontiers le pas à l'exposé lucide, à l'a-
nalyse des sentiments, à la présence d'esprit, à la réplique vigoureuse, au mouve-
ment oratoire. Bref, les qualités dont il
eût fait preuve eussent été celles mêmes
qu'il montra à la conférence des avocats,
et qui lui valurent d'être secrétaire en
1879, et de devenir ainsi notre collègue.

Toujours infatigable, à Paris ou en pro-
vince, au Trocadéro, à la Gaîté, à l'Odéon,
ou dans les salles publiques de la Sorbonne et des Facultés, des écoles et des
mairies, nous le retrouvons se pliant au

genre distinct et nouveau pour lui de conférences plus mûries. Conférencier, en
effet, un jour, il se plaisait à proposer en
exemple un ouvrier modèle à des ouvriers
studieux et dignes de le comprendre ; une
autre fois, à faire valoir, avec un saisissant
relief, les beautés d'un chef-d'œuvre clas-
sique. Il apportait volontiers son concours
recherché à des œuvres d'assistance mu-
tuelle, et abordait, de préférence, les
questions plus vastes d'éducation et d'éco-
nomie sociale. A maintes reprises, les mi-
nistres de l'Instruction publique et du
Commerce le chargèrent, soit en des dis-
tributions de récompenses, soit en des
inaugurations d'écoles, soit en de grandes
commissions, de prendre la parole en leurs
noms, et ils se félicitaient de trouver en
lui un interprète toujours prêt, toujours
sûr, toujours applaudi. C'est qu'il renou-
velait les sujets par la variété de la forme,
leur donnait le charme par la bonne grâce,

l'attrait par le piquant, l'intérêt par la chaleur et la diction. Il marchait ainsi vers son but : conférencier, il instruisait, et d'autant mieux que le conférencier était chez lui doublé d'un orateur.

Des salles de conférences, la distance n'est pas grande aux salons où l'on cause : il y fréquentait avec un vif plaisir. Sans dédain pour ces fêtes éclatantes, où la foule fait tort à l'esprit de conversation, il se plaisait bien autrement aux cercles restreints et plus choisis! Victor Hugo lui témoignait une bienveillance quasi paternelle, et, comme lui, les parents et amis de notre grand poète le tenaient pour l'un des leurs. A son gré, il retrouvait, tels soirs, en des maisons amies, que je n'ose citer, la cohorte pressée des littérateurs, des peintres, des musiciens, de tant d'artistes élus par son dilettantisme ou son amitié. Il se sentait chez lui au foyer de la Comédie-Française, et, chef

ou ancien chef du bureau des musées
et expositions, il exultait, en ces gais
matins du vernissage qui livrent Paris
aux beautés artistiques, aux grâces mon-
daines, aux printanières élégances. Et
même, au déjeuner traditionnel de cette
fête toute parisienne, sculpteurs et peintres, journalistes et critiques se serraient
un peu plus autour de la table assaillie, pour
lui faire la petite place que d'autres se
voyaient impitoyablement refuser. Il était
la joie du toit hospitalier de sa mère, sous
lequel, parmi tant d'amis, il recevait avec
bonheur le charmant auteur de la *Mouche*
et de *Volte-Face*, le poète Émile Guiard,
trop tôt enlevé, lui aussi, à notre amitié,
durable par delà le tombeau. Il était heureux de revoir chez son frère son ancien
maître, M. Eugène Manuel, MM. Kaempfen,
Lafenestre, Rambaud; là, entre Gustave
Ollendorff et MM. E. d'Hervilly, Albert
Delpit, P. Delair, Vallery-Radot et tant

d'autres, naissaient de joyeux entretiens.
d'interminables causeries et s'élevaient de
plaisantes et furieuses discussions.

Puis, il prodiguait son insoucieux entrain, sa bonne humeur d'enfant aux
groupes de jeunes gens, qu'amusaient sa
verve caustique, ses sorties passionnées ou
les fusées de son esprit. Avec quelle ver-
deur il portait un toast chatoyant et pri-
me-sautier! Il excellait même en ce genre
oratoire malaisé, qui, pour ne pas déflo-
rer l'éloquence naturelle par un art trop
subtil, veut l'habileté de nos vignerons,
laissant à leurs vins mousseux la franche
saveur du terroir.

Ses relations, ses goûts et ses fonctions
administratives expliquent assez comment,
convié à écrire, il s'attacha à l'étude des
questions artistiques. Il laisse un Traité
de l'administration des beaux-arts, qu'il
rédigea en collaboration avec M. Paul
Dupré, conseiller à la Cour de cassation.

D'un libre et spirituel crayon, il écrivit des
articles de critique sur les salons de pein-
ture de 1886 et 1887, et il dut à la sûreté
et à l'originalité de ses aperçus de voir pu-
blier, dans la *Revue des Deux Mondes*, une
étude d'art sur l'Exposition triennale, qui
fut loin de passer inaperçue.

Mais, dès lors, ses occupations profes-
sionnelles ne lui laissèrent plus le loisir
de mener, la plume à la main, la campagne artistique, qu'il eût aimé poursuivre.
Après être monté, des rangs modestes du
débutant, au grade de chef de bureau à la
direction des Beaux-Arts, après avoir passé
par le ministère de l'Instruction publique,
il avait été nommé directeur du cabinet
et du personnel au ministère du Commerce et de l'Industrie. Quand l'atteint
le mal dont il ne doit pas guérir, il est,
au même ministère, directeur du personnel et directeur de cet enseignement technique, qui n'avait cessé de solliciter son

zèle et son intelligence et auquel il donne
un nouvel essor. Dans ces fonctions diverses, on se plaisait à lui reconnaître,
avec le besoin de se multiplier lui-même,
l'habileté, la fermeté et, surtout, l'esprit
d'initiative. On le vit déployer cette initiative, sous la haute et très active direction
de M. Lockroy, son ministre et son ami,
et se dévouer, avec une ardeur qui hâta
peut-être sa fin, au succès de l'Exposition
universelle de 1889. Il sut communiquer
alors à ses distingués collaborateurs une
vive impulsion et prit avec eux une large
part au succès de cette œuvre nationale.

Son éloquence tenait de sa bonté grande.
Aussi, que d'amis, à côté des plus chers
à son cœur, du docteur Richet, du substitut
Paul Fournier et de son frère Gaston, de
Père, d'Amaury de Lacretelle, de ses colla-
borateurs des ministères, MM. Roujon,
Crost, Pasquier, Payelle, Paulet, de ses con-

frères, tous nos collègues, Tommy Martin, Ferdinand Dreyfus, Michel Pelletier, Plum, Mimerel, Jamais, E. Seligmann, Challamel, Meurgé, Reinach, des avoués Fontaine et Lucien Hesse, de MM. Sainsère, Cunisset-Carnot, Robiquet, de ses fidèles auxiliaires de l'Union française de la jeunesse, Weill, Dubasty, Bourgeois, Thamin, Charlot, Spronck !

Et, quoi qu'il m'en coûte, je clos cette liste de noms bien chers, que sa famille retrouvera ici comme de touchants souvenirs.

Nul ne méditerait sans une pitié profonde sur une brillante destinée si prématurément tranchée ; mais de tels amis, déplorant ces talents, cette jeunesse si vite évanouis, ne me pardonneraient pas de ne point attester aux siens, une fois de plus, leurs unanimes et profonds regrets.

Ces amis savaient, par expérience, qu'il

plaisantait de verve ceux qu'il aimait le
mieux, et, face à face, disait volontiers
leur fait aux gens. Eux absents, il se se-
rait fait scrupule d'en médire, et nul ne
peut lui reprocher amères diatribes ni
propos venimeux. Certes, son esprit s'a-
musait d'une pointe de malice; mais ses
critiques s'arrêtaient à la surface et, loin
d'être acerbes, effleuraient tout juste l'é-
piderme. Touché? Soit! on le pouvait
être... Blessé? Jamais! Et, témoignage de
sa foncière bonté, on le vit même, en des
discours académiques, se refuser au sen-
sible mais facile plaisir de relever, par
de piquantes épigrammes, la banalité de
l'éloge.

Il trouvait à rendre service une sorte de
volupté, mettait sa coquetterie à faire
d'un indifférent un heureux, et sur son
visage ouvert, empreint d'une mâle tendresse et rayonnant de joie, l'ami pouvait lire, par avance, la nouvelle favorable

qu'il se faisait fête de lui annoncer. Refuser, avec bonne grâce, un service, que
l'on ne peut rendre est un art : il le possédait. Obliger, sans faire subir le poids
de la reconnaissance, en est un autre : il
y était passé maître. Ainsi, il adoucissait
l'amertume du refus et doublait, sans
calcul, le prix de l'obligeance.

Par son intégrité et sa droiture, Ollendorff aurait défié la calomnie et désarmé
les jaloux. Et quel bon camarade c'était !
Combien franc ! combien joyeux ! si joyeux
qu'en cette notice, il ne semble pas dé-
placé d'évoquer la gaieté robuste, qui était
un des traits de ce caractère accusé. Un
rien l'amusait ; il s'esbaudissait en en-
fantillages ; tel petit voyage fut une fête,
et telle fête un éclat de rire. Mais s'il fut
rieur avec ses amis et pouvait paraître
léger en un monde élégant, sa loyauté
accepta résolument toutes les charges de
la vie. Ollendorff était un brave, que dif-

ficultés et déceptions n'arrêtaient qu'une
heure; puis, — quand même, — il pour-
suivait sa route, un sourire aux lèvres,
la main ouverte et le cœur sur la main.

Dévoré par un mal implacable, il fut,
enfin, durant une indescriptible agonie
de deux années, courageux jusqu'au stoï-
cisme. « Il est resté lui-même jusqu'au
« bout, » a pu dire excellemment notre collègue Paul Révoil, « et tant qu'il a vécu,
« il n'a oublié ni un de ses devoirs, ni un
« de ses amis. »

Je le vois encore à Saint-Cloud, cet été,
étendu, parmi les fleurs d'une ombreuse
vérandah, contemplant ce Paris, qu'il
aimait d'une filiale tendresse, distinguant,
dans le lointain, le Palais de justice, té-
moin des exercices redoutés de la conférence et de nos débuts inquiets; la Chambre des députés, où sa voix aurait pu
s'élever avec éclat, et les dômes bleu et
or de cette Exposition qui l'avait trans-

porté d'enthousiasme. Je l'entends, parlant de sa fin prochaine avec sérénité, tel que la pensée nous représente un disciple de Platon, à l'heure suprême et calme du départ prévu. Nous devisions... Il revenait complaisamment sur le passé, les débuts à la fois âpres et pleins d'espoir de la prime jeunesse, les jours difficiles et longs, les heures riantes et brèves. Il évoquait sa vie : ni plaintes sur lui-même, ni rancune contre personne. Point d'amertume. L'indulgence pour tous; une acceptation philosophique de sa destinée.

Puis, peu à peu, la vie s'en est allée. Et la mort cruelle l'enleva des bras de sa famille, — de sa mère, dont le courage n'eut d'égal que la douleur, — de sa femme, de ses frère et sœur, dont l'affectueuse sollicitude ne se démentit jamais, — de ses enfants, auxquels il laisse un nom qui les oblige, auxquels il donna le meilleur de sa vie.

Du moins, de ses talents, de son grand
cœur, il reste chez ses collègues, chez
ses amis, un doux, un impérissable, un
lumineux souvenir.

COMPTE-RENDU

DE LA SÉANCE DU VENDREDI 13 NOVEMBRE 1891

DE LA

CONFÉRENCE MOLÉ-TOCQUEVILLE

DISCOURS DE M. PAUL RÉVOIL

CONFÉRENCE

MOLÉ-TOCQUEVILLE

PRÉSIDENCE DE M. PAUL RÉVOIL

Ancien président

La séance est ouverte à dix heures un quart.

M. le président donne lecture d'une lettre de M. Dureau faisant part à la Conférence de la mort de M. G. Ollendorff, survenue pendant le cours des vacances.

Il prononce ensuite l'allocution suivante :

« Messieurs, je ne m'attendais pas à l'honneur de présider ce soir votre séance, et je crains de ne point remplir aussi di-

gnement que je le voudrais le douloureux
devoir qui m'incombe. Un deuil cruel a
frappé la Conférence Molé depuis sa dernière réunion : elle a perdu l'un de ses
membres les plus aimés et les plus éminents, notre ancien président Gustave
Ollendorff. Il est mort en pleines vacances,
à une époque où, les membres de votre
Bureau et de votre Conseil d'administration étant tous éloignés de Paris, personne
n'a pu témoigner, devant la tombe de notre
collègue, de l'estime et de l'affection dont
il jouissait parmi nous.

« Aujourd'hui, l'avouerai-je? j'éprouve
quelque trouble au moment de rendre un
dernier hommage à sa mémoire. Le temps
marche si vite, mes chers collègues ! Voici
que, pour n'avoir pas suivi vos séances depuis cinq ou six ans, je ne retrouve, parmi
tant de nouveaux visages, qu'un bien
petit nombre de ceux qui ont naguère entendu et applaudi Ollendorff. Ceux-là du

moins vous diront avec moi qu'il fut peut-
être l'orateur le plus brillant et le plus
sympathique de notre Conférence. Aucun
d'eux, j'en suis certain, n'a oublié cette
belle figure toute rayonnante de jeunesse,
de vie et de confiance épanouie ; ces mer-
veilleuses facultés d'improvisation, pour-
voyant aussi bien au fond qu'à la forme
du discours; cette éloquence abondante et
toujours prête ; cette phrase imagée, sonore, d'une telle ampleur que l'idée en
semblait revêtue comme d'un manteau trop
riche en étoffe, et qui, néanmoins, con-
duisait l'argument jusqu'au but sans lui
faire rien perdre ni de sa portée, ni de sa
vigueur. Pas de contradicteur plus ardent
et plus emporté qu'Ollendorff dans la mêlée
de nos discussions; pas d'adversaire ayant
le cœur et la main plus largement ouverts
que lui, une fois descendu de la tribune.
Cette double qualité, il la tenait de sa foi
politique profonde et de la constance iné-

branlable de ses convictions. Enrôlé dans l'armée républicaine depuis l'âge de raison, il y a toujours servi dans la même phalange et sous le même drapeau.

« Attaché de bonne heure à la carrière administrative, Ollendorff avait suivi pas à pas la filière des premiers emplois. On ne s'en est pas assez souvenu plus tard; peut-être semblera-t-il à ceux qui l'ont vu de près que ces débuts modestes et patients forment avec la nature si vivante, presque fougueuse, de notre ami un contraste tout à l'honneur de son caractère. Dès cette époque, il est vrai, il était connu et aimé des hommes les plus éminents du parti républicain. C'est ainsi qu'il prit part, au premier rang, à ces luttes politiques déjà bien oubliées et qui ont pourtant laissé à quelques-uns de nous de poignantes impressions personnelles.

« Là ne se borna point d'ailleurs son dévouement à la cause républicaine. Mû par

la pensée généreuse de faire participer aux
bienfaits de cette instruction supérieure
qui nous est si largement départie tous ces
jeunes hommes qui y aspirent eux aussi
et que les dures nécessités de leur condi-
tion sociale en éloignent, Ollendorff fonda
avec un groupe d'amis cette belle œuvre
de l'Union française de la jeunesse, et s'y
consacra pendant quelques années avec
une activité infatigable. J'hésite d'autant
moins à rappeler ici ce souvenir que beaucoup de nos collègues ont été ses collaborateurs dans cette noble entreprise.

« Mais c'est encore parmi nous qu'Ollendorff a le mieux développé ces qualités
exceptionnelles d'orateur qui semblaient
le destiner à toutes les faveurs de la fortune politique. Certes, sa réputation dé-
passait de beaucoup l'enceinte de notre
Conférence. Un ministre qu'il a fidèlement
aimé et servi, M. Lockroy, rendait au talent
de notre ami un juste hommage en disant

que la place d'Ollendorff était marquée à
la Chambre et qu'il y était depuis longtemps attendu. Hélas! l'attente a été vaine,
et si c'est avec orgueil, ce n'est pas sans
quelque tristesse que nous revendiquons
aujourd'hui pour notre Conférence ses
plus beaux succès d'orateur politique.

« La vie d'Ollendorff s'était fixée depuis
quelque temps déjà dans les hautes fonctions administratives, quand le mal auquel
il devait succomber s'est abattu sur lui;
mal étrange, déconcertant tous les diag-
nostics et tous les soins, qui a mis deux
longues années à épuiser cette superbe
provision de santé et à vaincre l'héroïque
résistance de notre malheureux collègue.
Il est resté lui-même jusqu'au bout, par
cette rare énergie, et tant qu'il a vécu il
n'a oublié, on peut le dire, ni un de ses
devoirs, ni un de ses amis.

« Et pourtant, par une de ces male-
chances qu'on dirait réservées aux des-

tinées dont les promesses furent les plus
heureuses, nous étions tous dispersés et
loin de lui quand il nous a quittés ; nul
d'entre nous n'a pu lui porter l'adieu de
sa chère Conférence Molé.

« Ne vous semble-t-il pas, Messieurs,
que l'hommage rendu par nous à sa mémoire doive en être aujourd'hui plus attendri et plus ému ? Ce sentiment, je ne
doute pas que vous ne l'éprouviez tous avec
moi : aussi suis-je assuré d'être votre fidèle
interprète en transmettant à la famille de
Gustave Ollendorff l'expression de regrets
ressentis en commun et avec une égale vivacité par tous ses collègues, les plus jeunes
comme les plus anciens. »

M. Maurice Spronk dit qu'après les sympa-
thiques et éloquentes paroles que vient de prononcer M. Révoil, il n'a rien à ajouter. Son
discours a été accueilli par des marques d'appro-
bation qui montrent assez les sentiments de la
Conférence tout entière vis-à-vis de Gustave
Ollendorff. Celui-ci, de son côté, jusque dans

les derniers mois de sa vie, avait conservé, de
ses anciens collègues et du théâtre de ses premiers triomphes, un souvenir que le temps
n'effaçait point. Déjà frappé mortellement, et
quand il ne se faisait plus d'illusion sur son
état, il aimait à parler encore de cette société
de jeunes gens où il ne comptait que des ad-
mirateurs et des amis; et il en parlait avec la
mélancolie douloureuse que les mourants at-
tachent aux choses très chères qu'ils ne doivent
plus jamais revoir.

M. Maurice Spronck propose à ses collègues,
en signe de deuil, de lever la séance, la première
qui ait suivi la mort de Gustave Ollendorff.

M. Bouchage se joint à M. Spronck.

La proposition de MM. Spronck et Bouchage,
mise aux voix, est adoptée à l'unanimité.

La séance est levée à dix heures quarante-
cinq.

Le Président,
PAUL RÉVOIL.

Le Secrétaire,
CH. OSTER.

DISCOURS

PRONONCÉ PAR

M. MAURICE SPRONCK

A L'ASSEMBLÉE GÉNÉRALE

DE L'UNION FRANÇAISE DE LA JEUNESSE

Le 20 Décembre 1891

Avant de passer à l'ordre du jour de votre Assemblée générale, je crois n'être que l'interprète de votre désir unanime en évoquant encore une fois parmi nous l'image et le souvenir de l'ami que nous avons perdu en la personne de votre ancien président Gustave Ollendorff.

Vous avez compris déjà le deuil irréparable qui frappait notre association, alors qu'au milieu des vacances, tandis que nous étions les uns et les autres dispersés au loin, les journaux sont venus vous apprendre la mort prématurée de celui en qui s'incarnait depuis de longues années l'Union française de la jeunesse. Ceux d'entre vous qui furent prévenus à temps ont pu, conduits par Marcel Charlot, porter sur la tombe d'Ollendorff le pieux hommage de nos regrets et de notre douleur. Aujourd'hui pourtant où, pour la première fois, nous nous retrouvons depuis qu'il n'est plus, il me semble qu'une seule pensée doit occuper nos âmes, comme à ces anniversaires de famille où apparaît avec une netteté plus cruelle l'absence des êtres très chers qu'on était accoutumé d'y voir.

Gustave Ollendorff, en effet, n'avait pas été uniquement pour nous un collaborateur infatigable, un guide dévoué et sûr, toujours prêt à mettre à notre service son expérience ou son influence ; il personnifiait à nos yeux, et aux yeux du public, notre société même ; il lui avait soufflé un peu de son esprit sans cesse en éveil dès

qu'il s'agissait d'une initiative généreuse;
il lui avait presque imposé son nom, et à
juste titre, tant son impulsion avait été
prépondérante, tant on s'était habitué à
reconnaître en lui, sinon le fondateur, au
moins le créateur véritable de votre Union.

Jusque en ces dernières années, au
milieu des plus graves soucis administra-
tifs, à moitié déjà terrassé par le mal ter-
rible qui a fini par le vaincre, vous le
voyiez encore s'intéresser à vos travaux,
se mêler à vos discussions, encourager vos
efforts, soutenir et vivifier en un mot cette
œuvre de patriotisme républicain qu'il
avait faite sienne. Et devant cette énergie
toujours ardente, qui de vous, Messieurs,
eût soupçonné la catastrophe imminente et
fatale ?... Même parmi les intimes, ceux-là
furent peu nombreux qui purent mesurer
exactement tout ce qu'il fallait de vigueur
morale pour résister à des souffrances
physiques qui eussent abattu les plus in-

trépides. C'est que, en dehors de ses puissantes facultés intellectuelles et de sa superbe maîtrise oratoire, Ollendorff possédait un don peut-être supérieur à tous : je veux dire la force de caractère, qui lui permit de voir approcher la mort avec la belle sérénité antique, sans qu'il se troublât ni consentît à fléchir.

Je me souviens, il y a un an à peine, de ces heures que j'allais passer auprès de lui à son cabinet du ministère, pour l'entretenir des affaires de cette association et lui demander conseil ; je le revois, les traits amaigris, le teint plombé, le corps las, avec, parfois, une légère crispation de douleur qui courait sur son visage, mais le cœur et le cerveau toujours alertes, le geste et la voix aussi animés que jadis, dès que je lui parlais des choses ou des hommes qu'il avait connus et aimés. Un seul jour et pendant une seconde, la tristesse de la fin qu'il sentait prochaine fut

plus forte que tout son courage. Comme
nous causions de l'Union française et de
la Conférence Molé et qu'il m'écoutait lui
conter les menus incidents qui s'y étaient
déroulés depuis son départ, brusquement
sa figure s'imprégna d'une mélancolie
sans bornes; il m'interrompit : « Tout
cela, mon cher Spronck, je ne le verrai
plus : c'est fini, bien fini pour moi. » Et
ces mots furent prononcés avec une certitude tellement douloureuse que je demeu-
rai un instant silencieux, sans trouver les
paroles d'espoir et de consolation dont on
essaie d'adoucir même les suprèmes angoisses des agonisants; j'avais eu comme
la sensation de la mort qui passait pas
loin de nous. Hélas! Messieurs, je savais
que notre collègue était condamné. Je ne
pensais point que la condamnation fût à
si brève échéance.

Maintenant tout est fini, comme le disait
Ollendorff. On l'attendra en vain à cette

tribune de la Chambre, où son incomparable éloquence l'eût rangé immédiatement
parmi les maîtres de la politique contemporaine. Nous n'entendrons plus dans nos
débats vibrer sa voix, dont l'accent seul,
chaud et sonore, suffisait déjà à dominer
un auditoire. Son nom même va s'effacer
de notre Bulletin. De cette carrière si
brillamment commencée et conduite, si
précocement brisée, rien ne reste... Rien
ne reste qu'un souvenir ému et fidèle dans
l'âme de beaucoup d'amis. Et peut-être,
Messieurs, — si ce n'est la plus éclatante,
— est-ce là la meilleure, la plus rare et la
plus souhaitable des gloires.

TABLE

Paris. — Typ. Chamerot et Renouard. — 28095.

www.ingramcontent.com/pod-product-compliance
Ingram Content Group UK Ltd.
Pitfield, Milton Keynes, MK11 3LW, UK
UKHW022037170726
13837UKWH00002B/643